This book belongs to:

3

Corythosaurus

5

7

9

11

Allosaurus

Stegosaurus

Uintatherium

19

Achelousaurus

Parasaurolophus

25

Dilophosaurus

Compsognathus

Apatosaurus

Ceratosaurus

Triceratops

Nasutoceratops

Gastornis

Spinosaurus

Kentrosaurus

Thylacosmilus

Archaeopteryx

Carcharodontosaurus

Trachodon

Protoceratops

Diplodocus

Velociraptor

Megacerops

Iguanodon

Gallimimus

Tapejara

Ankylosaurus

Baryonyx

Torosaurus

Mammoth

Plesiosaurus